Comte Maxime de CAUSANS

LES
DEUX GÉNÉRAUX DE BOISSIEU

ORIGINES DE LA FAMILLE DE BOISSIEU

Extrait des *Annales de la Société d'Agriculture*
Tome XXXIV.

LE PUY
IMPRIMERIE PRADES-FREYDIER
PLACE DU BREUIL
1891

Tous droits réservés.

L³m 2139

Comte Maxime de CAUSANS

LES
DEUX GÉNÉRAUX DE BOISSIEU

ORIGINES DE LA FAMILLE DE BOISSIEU

Extrait des *Annales* de la Société d'Agriculture
(Tome XXXIV).

LE PUY
IMPRIMERIE PRADES-FREYDIER
PLACE DU BREUIL
1891

Tous droits réservés.

LES DEUX GÉNÉRAUX DE BOISSIEU

ORIGINES DE LA FAMILLE DE BOISSIEU

PAR

Le Comte Maxime DE CAUSANS

Membre résidant.

Quelques notes généalogiques sur la famille de Boissieu ne sembleront pas hors de propos afin d'éviter toute confusion dans un coup d'œil rapide jeté sur la carrière militaire des deux officiers généraux de ce nom. Fils de deux frères, ils servaient en même temps, et recevaient, tous deux, le brevet de maréchal de camp, la même année, 1791, des mains du comte Louis de Narbonne, dernier ministre de la guerre de l'infortuné Louis XVI.

Ces modestes recherches peuvent, d'ailleurs, ne pas demeurer sans quelque utilité pour notre histoire locale, ni sans intérêt pour plusieurs autres familles.

Il serait difficile de préciser d'une manière satisfaisante, le point de départ exact de la famille de Baille, ou Bayle, de Boissiolz, ou de Boissieux, originaire de la Chapelle-Geneste (1). Les plus anciens documents qui la concernent, ne remontent pas au-delà de 1316, et à

(1) Petite paroisse, jadis de l'Auvergne et du diocèse de Clermont, appartenant, aujourd'hui, au diocèse du Puy, département de la Haute-Loire.

cette époque, ils sont rares et de peu d'importance. On peut citer, à peine, quelques transactions passées par Robert de Baille, du Mas, dit Damoiseau. Il en est de même en 1426, 1457 et jusque en 1484.

Le 5 mars 1484, voici le contrat de mariage de Charles de Boissieu avec Rose de Vichy où il est dit, fils de noble Gaspard de Boissieu, seigneur de La Chapelle-Geneste, au diocèse de Clermont, en Auvergne.

On voit déjà, par ces désignations de Boissieu, de la Chapelle-Geneste, ajoutées au nom de Baille, comme par d'autres noms adoptés, dans la suite, par les Boissieux, que, suivant la coutume immémoriale, consacrée, plus tard, par de véritables actes de législation, la noblesse se manifestait, ou plutôt s'établissait dans la plupart des cas, par l'adjonction au nom patronymique de celui du fief possédé ou acquis, soit en entier, soit en partage avec un ou plusieurs co-seigneurs.

Le fief n'était caractérisé, parfois, que par quelque droit seigneurial ou noble, exercé sous forme quelconque, sur un hameau, un domaine, une bicoque, dont on prenait le nom.

Comment les Baille se sont-ils successivement appelés Seigneurs de Boissieu, de la Chapelle-Geneste, de Lavalette, de Bois-Petit, de Montcelard, de Gisac, de Maisonneuve, de Servière, du Bois-Noir, etc. C'est ce dont on ne peut se rendre compte que par le seul fait des actes où ces désignations leur sont attribuées comme leur revenant sans conteste de la possession de ces différents fiefs (1).

(1) On voit encore, dominant la route d'Allègre à la Chaise-Dieu, le petit Castel de Boissieu, avec ses murs

Il convient encore de signaler trois dates importantes dans la filiation des Boissieux, tant à cause des alliances qui ont déterminé les noms des dernières branches de cette famille, que pour marquer, surtout, leur entrée au service dans les armées du Roy.

Citons, en 1598, le contrat de mariage de noble Armand de Boissieu, écuyer, fils légitime de noble Thibaud de Boissieu, écuyer, accordé, le sixième avril, avec demoiselle Catherine de Renaud, fille à noble Jean de Renaud, seigneur de la Borye, paroisse de Saint-Michel-de-Nicourby, en Quercy ; le futur époux assisté de nobles Claude et Antoine de Boissieux, ses frères.

Le 24 août, 1653, François de Boissieux, fils aîné du précédent, épouse Marie de la Salle qui lui apporte la seigneurie de Maisonneuve, située dans la paroisse de Saint-Didier-sur-Doulon, près de Brioude. Cette seigneurie donne son nom à la branche des Boissieu qui s'est alliée à la famille de Dienne (1).

noircis par le temps, et ses angles ornés de tourelles à cul-de-lampe, qui lui donnent un certain air de féodalité.

(1) Contrat de mariage de noble Guillaume de Menut avec *Louise d'Apchier*, du 10 mars 1602. Ils ont une fille, Louise de Menut, femme de François de Dienne par son contrat du 6 novembre 1640. Ceux-ci ont pour fils Gabriel de Dienne, qui épouse Marie de Bernard, le 28 novembre 1690.

Charlotte de Dienne, fille de Gabriel de Dienne et de Marie de Bernard (a), épouse François de *Boissieu*, seigneur

(a) Les *de Bernard*, famille noble et très ancienne, originaire de Saint-Jean-de-Nay, canton de Loudes (Haute-Loire), qui prennent, plus tard, le nom de *du Grail*, étaient barons de Jalavoux ; baronnie qui, par alliance et succession, est aujourd'hui entre les mains de M. Ch. Calemard de la Fayette. Un saint prêtre, de la famille *de*

Enfin, le 10 juillet 1684, Gabriel de Boissieu, l'un des fils du précédent, épouse Marie d'Eyssac, fille de François d'Eyssac et de demoiselle Marie des Portes, Marie d'Eyssac apporte aux Boissieu de la Geneste le château et la seigneurie de Servière, d'où est issue la branche des Boissieu de Servière, dont nous allons nous occuper (1).

de *Maisonneuve*, le 17 janvier 1730. — Ce François de Boissieu était fils, par sa mère (qui était Madeleine de Dienne), de Louis de Dienne, seigneur de la Vialle, et de dame Charlotte *du Charriol de Bouillé*. Le même François de Boissieu a pour fils unique, Antoine de Boissieu, qui épouse une demoiselle de Saint-Marcel, le 8 juin 1762, laquelle avait une sœur mariée à M. de Surrel de Saint-Julien. — Antoine de Boissieu et Mlle de Saint-Marcel ont de leur mariage deux filles : l'une devient, par mariage, dame de Portanier de la Rochette ; l'autre épouse, le 8 janvier 1792, M. Sauzet de Saint-Clément, baron de Jonchères, par acquisition de M. de Barentin, vicomte de Monchal.

Bernard du Grail, a son nom inscrit parmi ceux des victimes de 93, gravés sur le marbre dans la Cathédrale du Puy. — Le 28 novembre 1690, contrat de mariage entre Gabriel de Dienne, seigneur de Limagne, Chambourette, et autres places, résidant au lieu et paroisse de Nay, et demoiselle Marie de Bernard, fille de Jean de Bernard, chevalier, seigneur de Talode et du Mazel, et de demoiselle Marceline Dilhot, du même lieu et paroisse ; de l'avis de Me Pierre Dilhot, licencié en droit canon, juge des Estables, et autres terres de la Chartreuse de Bonnefoy, et lieutenant en la juridiction de Fay, résidant audit Fay.

(1) Le château de Servière a été cédé par le dernier allié des Boissieu, M. Sauzet de Saint-Clément, à Mlle du Crozet, qui l'a elle-même transmis à son neveu, M. de Castelli, et celui-ci à Mme de Guérine qui le possède au-

C'est à la suite de leur alliance avec Catherine de Renaud, que les Boissieux quittent les régions glacées de la Chaise-Dieu pour descendre dans le Quercy et s'établir dans les environs de Brioude (1).

On les voit alors, pour la première fois, prendre l'épée qu'ils ne quitteront plus. Ils la tiendront d'une main ferme, et non sans gloire ; les deux généraux de Boissieu vont nous en fournir la preuve.

Les premiers certificats de service que l'on rencontre chez les Boissieux, sont donnés au sieur Armand de Boissieu de Nicourby, maréchal des logis de la compagnie de chevaux-légers de M. le comte de Vioulé (?) le 23 août 1625 ; et au sieur de Boissieu de Nicourby, maréchal des logis de la compagnie du marquis de Montastruc, le 6 mai 1629.

N'est-ce pas le cas de remarquer à quel point le service militaire devenait alors la caractéristique la plus

jourd'hui. M. Sauzet de Saint-Clément avait épousé, le 8 juin 1792, la dernière héritière des Boissieu de Maisonneuve de Dienne, dont il eut quatre filles : MM^{mes} de Peydière-de-Vèze, de La Valette, d'Aubenas ; de Moze ; et de Lavalette, du Puy. Cette dernière a laissé une fille unique qui a épousé, en 1849, le comte Maxime de Causans.

(1) Du 4 novembre 1660, contrat de mariage entre François d'Eyssac, seigneur de Servière, et demoiselle Magdelaine de Vertolaye, fille de feu Messire Jacques de Vertolaye et de demoiselle Jeanne de la Rodde. Messire de Vertolaye est dit seigneur de Séneughol, Auteyrac et Sensagues, résidant au château de Séneughols.

Ont signé : MM. Noble et vénérable personne, Jacques de Roquelaure, prêtre en l'église cathédrale du Puy ; Messire Philibert du Pescher, de la Baume et de Vabres ; Messire Jean de la Rodde, seigneur de Saint-Eloy ; noble François saillante de la noblesse? Noblesse oblige, disait-on. Por ter l'épée, c'était un honneur, mais en même temps une rude servitude où s'usaient, jusqu'à soixante ans, la vie et la fortune d'un gentilhomme. Pour toute récompense on obtenait la Croix de l'Ordre Royal et militaire de saint Louis, et parfois, pour cause de blessure ou action d'éclat, une modeste pension.

Au moment où les Boissieux prennent rang dans la noblesse, nous les voyons servir nombreux et vaillants, Ils deviennent des hommes de guerre énergiques, distingués, mais peu favorisés de la fortune. Ces quelques privilèges nobiliaires si enviés, si jalousés depuis, rapportaient plus d'honneur que d'argent.

Des lettres éparses, conservées en petit nombre, échangées entre les divers membres de la famille, nous donnent un aperçu de l'éducation militaire et du rôle des Boissieux à la guerre.

Voici ce qu'écrivait une dame de Boissieu de Riolz, (1) retirée sur ses vieux jours, à l'Estrémoulides, près de Brioude, à l'une de ses nièces, Mlle de Boissieu, résidant à Paris.

« .... Vous ne me mandez rien de *votre*
« *frère, qui est à l'Ecole militaire,* l'on en dit
« des merveilles........

« ...... Vous me demandez si nous sommes parents

d'Auzólles, seigneur de Serre; Messire Pierre de Miramon, seigneur de Védrines; Messire Nicolas du Fayet, seigneur de Coysse et Saint-Quentin.

(1) Mme de Boissieu de Riolz, était fille de Marie d'Eyssal, ou Essac et, par la famille de sa mère, de même que par les Vichy, les Canillac, les d'Apchier, les Bouillé, les Frétat, se trouvait alliée aux plus anciennes maisons de l'Auvergne.

« à la maison de Canillac. Nous le sommes du côté de
« ma mère qui portait le nom d'Eyssac qui est très an-
« cien. Je lui ai ouï dire que son père et celui du vi-
« comte de Canillac, le dernier mort, étaient germains ;
« voilà tout ce que j'en sais.

« Tout ce que je sais des services de feu votre pauvre
« père, c'est qu'il entra au service en 1710, âgé de
« 13 ans. Il reçut un coup de fusil à la bataille de De-
« nain, qui se trouva en 1712. Il est mort, âgé de 57 ans.
« et a servi 44 ans.

« Pour récompense de sa blessure, la Cour lui accorda
« la Croix de Saint-Louis, une pension et une gratifica-
« tion. Votre oncle de Servière est mort après 40 ans
« de service, avec la croix de Saint-Louis, et comman-
« dant du troisième bataillon du Lyonnais. Votre oncle,
« le chevalier, a servi 33 ans. Il a été tué à la bataille
« de la Madone, devant Coni, sous le prince de Conti,
« chevalier de Saint-Louis et capitaine des grenadiers.
« ..... Vos cousines de Gisac, me prient de vous faire
« mille tendres amitiés. Je suis entièrement à vous.
« — Boissieu de Riols. »

La même Dame de Boissieu-Riols, très au courant, à
ce qu'il paraît, des faits et gestes de sa famille fournit la
note suivante en faveur d'une Demoiselle de Gisac dont
on demandait l'admission à la maison de Saint-Cyr.

« Monsieur le Chevalier de Boissieu de Servière,
« père de Mademoiselle de Boissieu de Gisac, a été tué,
« à la bataille de Coni, capitaine des grenadiers, dans le
« régiment de Lyonnais, où il a servi 33 ans. Il est
« mort chevalier de Saint-Louis. Il avait commencé de
« servir sous-lieutenant, et a eu son drapeau emporté
« par un boulet de canon à l'affaire de Denain et fut en

« ramasser les débris parmi les ennemis. Ses deux frè-
« res ainés ont aussi servi le Roy, dans le même régi-
« ment. Le premier est mort après 40 ans de service com-
« mandant le troisième bataillon et chevalier de Saint-
« Louis. Le second frère est commandant du fort de
« Landeau, où il fut placé par récompense de ses ser-
« vices. Lorsqu'il quitta le régiment de Lyonnais, il
« était des premiers capitaines du régiment, et reçut un
« coup de fusil en travers du corps, à la bataille de De-
« nain. Il a servi 44 ans. Il est mort âgé de 57 ans.

« Ces trois Messieurs se sont distingués par leur va-
« leur. Autant qu'il se puisse de la nuit des temps, ceux
« qui les ont connus et tous leurs ancêtres ont aussi
« servi le Roy, tant ayeuls que père et oncles paternels
« et maternels.

« L'un de leurs oncles a été tué à la prise de Valen-
« cienne, à la tête d'une compagnie de grenadiers sous
« Louis XIV; le cadet fut tué d'un coup de mitraille,
« sur mer, lieutenant des vaisseaux du Roy. » (1)

Nous avons tenu à donner ces deux documents presque en entier, parce qu'ils résument sous le nom de

---

(1) Ce cadet de Boissieu était fils de François de Boissieu
et de Marie de la Salle. Il s'intitule : haut et puissant seigneur Jean-Baptiste de Boissieux, chevalier, seigneur,
comte de Pouzols et La Cour, lieutenant des vaisseaux du
Roy, capitaine d'une compagnie franche de la marine, dans
son contrat de mariage du 28 août 1710, avec Marguerite
Charlotte de Chauvigni de Blot. Ils ont pour fille, Marie
Gasparde de Boissieu, laquelle épouse le 20 août 1739, Messire Hugues de Fontange. Ils ont pour fils, Mgr François
de Fontange, né dans le diocèse de Clermont, le 8 mars 1744,
sacré évêque de Nancy, le 17 août 1783.

Boissieu, l'histoire de la plupart des gentilshommes de cette glorieuse époque.

Sur cinq Boissieux qui servent, à peu près en même temps, trois se font tuer sur le champ de bataille, et le quatrième se retire dans le commandement d'un fort, à la suite d'une grave blessure.

Ils sont à l'armée depuis l'âge de 13 ans; ils y seront pendant 44 ans, si la mort devant l'ennemi ne vient pas abréger leur carrière.

LE GÉNÉRAL

HENRY-LOUIS-AUGUSTIN DE BOISSIEU DU BOIS-NOIR

(Sa carrière militaire)

Nous ne devons pas laisser passer dans la lettre de Mme de Boissieu de Riols, l'éloge qu'elle a entendu faire d'un de ses neveux, qui est à l'Ecole militaire.

Ce jeune officier devenait, après de longues années de service, le général Henry-Louis-Augustin de Boissieu du Bois-Noir, dont nous allons essayer d'esquisser la carrière militaire, d'après les rares documents qu'il nous a été possible de recueillir.

Il faut, d'abord, se reporter au contrat de mariage de Gabriel de Boissieu avec Marie d'Eyssat, du 10 juillet 1684. Ils ont pour fils, Joseph-Claire de Boissieu de Servière, chevalier, seigneur de Rochelaure, chevalier de l'ordre de Saint-Louis, major de Charlemont, qui épousa Anne de Brun du Bois-Noir, le 3 juin 1723. De ce dernier mariage et de cette dernière branche des Boissieu du Bois-Noir, sont restés deux fils, dont le second, Henry-Louis-Augustin de Boissieu, était né au Bois-Noir, paroisse de Dège, au diocèse de Saint-Flour, le 18 juillet 1741 (1).

Il entrait à l'Ecole militaire, en 1753, âgé de 12 ans, sur présentation de ses preuves de noblesse, examinées par d'Hozier (2) et approuvées par le ministre Phili-peaux, comte de Saint-Florentin.

Ses états de service nous le montrent sortant de l'Ecole, en 1757, avec le grade de sous-lieutenant d'ar-tillerie. Il devient successivement, et sans que nous ayons trouvé d'autres renseignements que ses brevets de nominations :

Enseigne à la compagnie du 3e bataillon du régiment de Champagne, le 20 mars 1759.

Lieutenant à la compagnie Defaure, au régiment de Champagne, le 17 janvier 1759.

Sous-aide major, de nouvelle création, dans le régi-ment de Champagne, le 17 janvier 1766.

Capitaine au même régiment, le 20 avril 1768.

(1) L'héritage de la branche des Boissieu du Bois-Noir, a passé par alliance entre les mains de M. le comte Charles de Longevialle, à Langeac. M. de Longevialle, avec une par-faite obligeance, m'a fourni de nombreux renseignements dont je lui offre ici tous mes remerciements.

(2) Les Boissieu ont justifié leur maintenue de noblesse : Le 28 novembre 1666; le 13 juillet 1706; le 31 août 1764.

Major au régiment d'Austrasie, depuis 1779.

Brigadier d'infanterie, le 30 mai 1784.

Maréchal de camp, commandant la 8e division des troupes de ligne du Var et des Bouches-du-Rhône, sous M. de Coigny, le 1er avril 1791.

La période la plus brillante de la vie toute militaire du général Henri de Boissieu, a été, sans contredit, la campagne de trois ans à laquelle il a pris part, dans les Indes orientales.

Déjà blessé en Allemagne, au combat de Philingausen, en 1763, le major de Boissieu était désigné, en 1780, pour aller seconder, en qualité de major du régiment d'Austrasie, le bailli de Suffren, chargé de la défense des colonies françaises dans les Indes orientales, de 1780 à 1783.

Des notes très intéressantes laissées par le Major d'Austrasie, l'indication de plusieurs mémoires publiés sur ce sujet, et diverses correspondances nous permettent de donner un aperçu rapide de sa belle conduite dans les divers combats livrés loin de sa patrie sous ces climats brûlants.

L'expédition comprenant le régiment d'Austrasie, partait de Brest au mois d'avril 1780 et arrivait à l'Ile de France, dans le mois d'août de la même année. La moitié des soldats et des matelots étaient atteints d'une maladie épidémique contractée, au port même d'embarquement, faute d'avoir pris la précaution de désinfecter les navires déjà contaminés.

L'amiral de Suffren ralliait le convoi après avoir remporté un important avantage sur l'escadre du commodore Jonhston.

Au mois de décembre, seulement, 11 vaisseaux de

guerre commandés par **M.** d'Orves, quittaient l'Ile-de-France emportant **2,500** hommes de débarquement, sous les ordres de **M.** du Chemin. L'amiral d'Orves étant mort sur son vaisseau, le bailli de Suffren prend le commandement de toute la flotte.

Il s'empare d'une frégate anglaise de 50 canons, et ouvre ainsi cette mémorable campagne où il se couvre de gloire, en paralysant pendant trois années de combats incessants, toute la puissance maritime de l'Angleterre dans l'Océan Indien.

Sans entrer dans le détail des faits de guerre auxquels prenait part le régiment d'Austrasie et son vaillant major (1), nous donnerons une attention particulière à la bataille livrée sous les murs de la ville de Gondelour où cet officier donna des preuves éclatantes de son mérite militaire.

Maîtres de cette place, les Français en font la base de leurs opérations, et l'entrepôt de tous leurs approvisionnements.

Par la mort de **M.** du Chemin, le **12** août **1782**, le comte d'Offlize, colonel du régiment d'Austrasie, était devenu commandant de l'armée française, et venait de s'en montrer digne par plusieurs actions d'éclat, mais il dût céder le pas au marquis de Bussy, lieutenant-général, arrivé à Gondelour, le **16** mars **1783**.

La place de Gondelour, située près de la frontière des possessions anglaises, avait son front de défense tourné vers Madras, point de départ des Anglais, et le seul

---

(1) **M.** le Comte Ch. de Longevialle possède une lettre du bailli de Suffren, très flatteuse pour le chevalier de Boissieu.

côté par lequel ils semblaient pouvoir diriger une attaque.

M. d'Offlize, très au courant de la tactique du général Stuart, commandant l'armée anglaise, ne cesse d'avertir M. de Bussy que la marche de l'ennemi sur le front de la place, n'est qu'une feinte pour opérer un mouvement tournant, et l'attaquer par le revers dont les fortifications avaient été très négligées.

Le général Stuart comptait sur le concours de la flotte anglaise pour appuyer ce mouvement très hardi et d'une exécution pleine de danger.

Le marquis de Bussy, malade et ne pouvant se transporter sur les lieux, s'obstine à ne voir d'attaque possible que sur le front de la place.

L'armée anglaise, laissant Madras derrière elle, s'avance à mesure que les Français se replient sur Gondelour, et enfin, le 9 juin 1783, l'ennemi dessinait son mouvement, et le général Stuart, osait entreprendre, à trois quarts de lieues de l'armée française, le passage d'une rivière étroitement encaissée, au lit sablonneux, avec son artillerie trainée par des bœufs, ses troupes ne pouvant passer que par pelotons.

C'en était fait de l'armée anglaise, si l'on avait écouté les avis du major d'Austrasie. Trois fois, cet officier, en homme de guerre consommé, s'avance à portée de fusil pour reconnaître la position de l'ennemi ; trois fois il présente son rapport sur la situation si critique des Anglais, en suppliant le général en chef de commander l'attaque ; rien ne put ébranler l'inaction obstinée du marquis de Bussy.

Les Français obligés, tout à coup, à un changement de front sur un terrain où ils n'avaient préparé aucun moyen de défense, avaient contre eux tous les désavantages. On peut évaluer la force des deux armées qui étaient en présence, à 28.000 hommes, dont 3.500 européens, du côté des Anglais ; et à 20.000 hommes dont 2.500 européens, du côté des Français.

Les dispositions des Anglais furent si bien prises, que le 13 juin 1783, au point du jour, le canon de leurs batteries, appuyé d'une fusillade qui prenait à revers les avant-postes Français, força ceux-ci à se replier sur la brigade et le régiment d'Austrasie chargés de la défense de cette position. Cette brigade demeura pendant quatre heures exposée aux feux croisés de 22 pièces de canon. Plusieurs colonnes anglaises s'avancèremt jusqu'à 80 pas de leurs adversaires, mais le baron d'Albignac et le major de Boissieu firent servir deux pièces de 18 et de 8, avec tant d'énergie et d'activité qu'ils brisèrent et rendirent inutiles ces premiers efforts de l'ennemi.

Sans laisser de répit après cette violente attaque, de nouvelles colonnes arrivaient sur nos retranchements, en rangs serrés, et de l'allure la plus résolue.

Voir le mouvement de l'ennemi, sauter aux armes et se former en colonne, tout cela est ordonné à l'instant, par le major de Boissieu. On l'entend, s'écrier d'une voix forte, au milieu du sifflement des balles : « Grenadiers, vous allez prendre la tête du régiment d'Austrasie, vous lui devez l'exemple et vous le donnerez ; marche ! »

On bat la charge, et en moins de quelques minutes, les colonnes anglaises sont enfoncées.

On avait à peine rallié les soldats qui s'étaient lancés à la poursuite des fuyards, que l'on apercevait les retranchements bondés d'ennemis. Pendant la défaite des colonnes qui venaient de charger en face, l'attaque avait recommencé sur la droite des Français, et les Anglais s'étaient emparés des retranchements abandonnés, pendant quelques instants, par les grenadiers victorieux. Ces intrépides grenadiers d'Austrasie, durent livrer un nouveau combat plus terrible et plus meurtrier que le premier, et les Anglais s'y firent, presque tous, tuer sur place.

Tels furent les principaux incidents de cette bataille. Les Anglais perdirent de 900 à mille soldats européens, 62 officiers, et 1,800 à 2,000 cipayes. Du côté des Français, il y eut environ 400 hommes tués, et onze pièces de canon restaient au pouvoir de l'ennemi.

A la suite de ce combat, le plus sanglant qui ait eu lieu dans les Indes, entre deux troupes européennes, les deux armées restèrent en présence, sans qu'aucune pût s'attribuer la victoire.

On avait vu, du côté des Français, des officiers malades ou âgés, tels que MM. de Villeneuve et de Vaugirard, tous deux lieutenants-colonels, oubliant leurs souffrances et leur faiblesse, se précipiter à la charge et périr l'épée à la main. MM. d'Offlize, d'Albignac et de Boissieu firent l'admiration de l'armée. La nouvelle de la signature de la paix, arrivée sur ces entrefaites, trouvait encore les deux armées en présence et mettait fin aux hostilités.

Quant à la brillante conduite du Major d'Austrasie, nous en recueillons les principaux témoignages dans la relation anglaise de la bataille de Gondelour, et dans les deux rapports suivants du baron d'Albignac et du comte d'Offlize, qui commandaient l'armée Française dans cette glorieuse journée

« Infanterie — Régiment d'Austrasie — Mémoire —
« Louis-Henry, chevalier de Boissieu.

« Elève de l'Ecole militaire en 1753 ; sous-lieutenant
« d'artillerie en 1757 ; major du régiment d'Austrasie
« depuis 1779 ;

« Blessé en Allemagne, à Philinghœusen ;

« S'est trouvé au combat du 17 février 1782 de
« M. le commandant de Suffren, devant Sadras.

« Major de la brigade d'Austrasie, à l'affaire du
« 13 juin 1783, a chargé à coups de baïonnette deux
« colonnes d'ennemis, l'espace de 2,000 pas ; au re-
« tour, elle a attaqué de nouveau et chassé les
« ennemis qui s'étaient emparés de son camp ; le sieur
« de Boissieu commandait alors le régiment d'Austrasie,
« le lieutenant-colonel ayant été blessé, à la première
« charge et porté à Gondelour.

« Nous, maréchal des camps et armées du Roy, com-
« mandant en second l'armée de l'Inde, certifions que
« M. le chevalier de Boissieu, commandant le régiment
« d'Austrasie, après la blessure du lieutenant-colonel, a
« chargé à l'arme blanche deux colonnes ennemies
« avec le plus grand succès, pendant l'espace de deux
« mille pas, et qu'au retour, il a chassé les Anglais des
« retranchements donts ils s'étaient emparés.

« (Signé) : Le comte d'OFFELIZE »

« Nous soussigné, brigadier d'infanterie, ayant com-
« mandé la brigade d'Austrasie, la campagne de 1783,
« dans l'Inde, certifions que M. le chevalier de Bois-
« sieu a rendu les services les plus essentiels pendant
« toute cette campagne, en qualité de major de cette

« brigade ; qu'on doit particulièrement à M. le cheva-
« lier de Boissieu et à M. de Vaugirard, lieutenant-
« colonel du régiment de Royal-Roussillon, l'honneur
« et la gloire de l'affaire de Gondelour, du 13 juin 1783,
« que, pendant tout le temps de la canonnade, le
« même jour, M. le chevalier de Boissieu contribua
« infiniment au bon effet des pièces de la brigade
« d'Austrasie, de la manière détaillée dans ce mémoire ;
« que ce major de la brigade y fit pendant la durée de
« l'action des prodiges si étonnants de valeur qui me
« parurent avoir contribué singulièrement à l'ardeur
« acharnée de toute la brigade ; qu'il eut son cheval
« tué sous lui, et que si moi-même j'ai eu le bonheur
« de m'être acquis quelque gloire, comme ayant eu
« l'honneur d'avoir commandé cette brigade, dans cette
« journée, je l'ai dû beaucoup, et beaucoup assuré-
« ment, aux talents, à l'activité et à la bravoure la
« mieux réfléchie, la plus froide de ce même major de
« ma brigade ; et qu'aussitôt après cette action, mon
« plus pressant devoir et désir fut d'aller rendre compte
« à M. le marquis de Bussy et à M. le comte d'Offelize,
« commandant en second de l'armée, de tout ce qui
« s'était passé sous mes yeux, et de toute mon admira-
« tion pour la brigade d'Austrasie, notamment pour
« M. le chevalier de Boissieu.

« (Signé) : Le baron d'ALBIGNAC. »

A la suite de cette campagne, le major du régiment d'Austrasie était nommé lieutenant-colonel, le
20 juin 1783. Le 10 août de la même année, il touchait
sur les fonds de l'Ordre de Saint-Louis, une pension de

400 livres, en récompense de ses services. Le 20 mai 1784, une nouvelle pension de 400 livres venait s'ajouter à la première.

Enfin, le 1er avril 1791, le lieutenant-colonel de Boissieu recevait le brevet de brigadier des armées du Roy, chargé, avec le titre de maréchal-de-camp, du commandement de la 3me division des troupes de ligne du Var et des Bouches-du-Rhône, sous M. de Coigny.

Ici se termine la carrière militaire pour le service du Roi de France, du général Henri-Louis-Augustin de Boissieu du Bois-Noir.

Cette première partie d'une vie pleine d'honneur allait être couronnée par une mort plus glorieuse encore.

Mort du général Henri de BOISSIEU
a quiberon

La révolution triomphait sur tous les points ; la Convention se disposait à prononcer l'abolition de la royauté et l'établissement de la première République Française. Les serviteurs du Roi, traqués comme des bêtes fauves, se voyaient forcés d'émigrer.

S'ils reprenaient les armes, ce n'était pas contre leur patrie, mais avec la persuasion que le concours des anciens alliés de la monarchie, leur permettrait de rétablir promptement le roi sur son trône.

Qui oserait les blâmer, aujourd'hui, de cette généreuse illusion ? Mirabeau lui-même réclamait la liberté de l'émigration.

« Je jure, ajoutait le fougueux tribun, en terminant son discours, que si vous votez une loi contre l'émigration, je jure de vous désobéir. »

Le général de Boissieu, après quarante ans de services sans interruption, était venu prendre quelques instants de repos auprès de son cousin, Antoine de Boissieu, le dernier de la branche des Boissieu de Dienne, et le premier qui, depuis deux cents ans, n'avait pas porté les armes. Le général, lui, qui avait sacrifié toute sa vie à la défense de son pays, se voit poursuivi, comme suspect, par les soi-disant patriotes, ou plutôt, par ces bandes de pillards et d'assassins, organisés, comme *service public,* par la Convention. Il est obligé de se cacher, pendant quelques jours, pour ne pas être égorgé.

Mais le vieux soldat ne peut supporter, longtemps, cette humiliante situation.

Nous le voyons, d'abord, accourir aux Tuileries, et voler à la défense du Roi, dans cette sanglante nuit du 10 août, lorsque, trahis par des canonniers de la garde nationale, les suisses et les gentilshommes fidèles furent impitoyablement massacrés par les Sectionnaires et les Marseillais.

L'assassinat du marquis de Mandat, ordonné par le maire de Paris, Pétion, faisait passer le commandement des Tuileries à M. de Boissieu, le plus ancien de son grade. Toute résistance ayant été brisée, les défenseurs du roi tués ou dispersés, le général se voyait réduit à accompagner la famille royale, Mme Elisabeth appuyée sur son bras, à l'asile sans sécurité que lui offrait l'assemblée des représentants du peuple.

Signalé, désormais, à la haine implacable des Jaco-

bins, le général de Boissieu ne pouvait plus rester à
Paris. Il se rend à Coblenz auprès des princes qui orga-
nisaient la première armée des émigrés.

A partir de ce moment, les documents sur son exis-
tence nous font défaut jusqu'au 16 juillet 1795, où on
le voit figurer dans la désastreuse expédition de
Quiberon.

Nous n'allons pas retracer ici le lugubre tableau de
cette hécatombe des derniers défenseurs de la royauté.
Qu'il nous suffise d'emprunter au récit très complet et
saisissant d'Alfred Nettement les passages qui relatent
la mort du général de Boissieu.

« Après avoir échoué dans l'attaque des lignes répu-
« blicaines, le comte d'Hervilly, voyant que tout tom-
« bait autour de lui, donne enfin à ses troupes l'ordre
« de se retirer. Il était trop tard. Ses colonnes brisées
« par les efforts désespérés qu'elles venaient de faire,
« ne purent exécuter un mouvement toujours difficile
« en présence de l'ennemi, et un nouvel événement
« augmenta le désordre irréparable de cette lutte obs-
« tinée. Au moment où il donnait l'ordre de la re-
« traite, d'Hervilly fut blessé à mort par un biscaïen.
« Heureux encore fut-il de trouver un trépas militaire
« dans le désastre de la cause qu'il avait voulu servir.

« Avant l'action, il n'avait pas désigné l'officier qui
« devait le suppléer en cas de malheur ; de sorte que
« les restes de l'armée royale demeuraient sans chef.
« Le petit nombre d'officiers qui avaient survécu,
« essayèrent en vain de maintenir un peu d'ordre dans
« les rangs incessamment décimés par l'artillerie, et
« quand les grenadiers républicains s'élancèrent hors
« de leurs retranchements pour achever l'œuvre de

« leurs boulets, la défense de l'armée royale devint
« une déroute.

« Cependant le dernier bataillon du régiment d'Her-
« villy, commandé par **M.** de Boissieu, maréchal de
« camp, fit une très belle contenance et couvrit la
« retraite. Le chef intrépide qui contribuait ainsi au
« salut de l'armée, était grièvement blessé, et quand
« il eut achevé son œuvre, il expira comme un ouvrier
« dont la tâche est remplie. »

Admis, à l'âge de 12 ans, à l'Ecole militaire, comme
fils de gentilhomme, attaché au service du roi, le général de Boissieu du Bois-Noir fait pendant 42 ans la
guerre en Europe, en Asie, et enfin dans son propre
pays où il tombe l'épée à la main pour la défense de la
plus noble des causes, couronnant par cette mort
héroïque une vie sacrifiée tout entière au devoir et à
l'honneur.

LE GÉNÉRAL
JOSEPH DE BOISSIEU DE SERVIÈRES

Le lieutenant-colonel Joseph de Boissieu du Bois-Noir, père du général Henry-Louis-Augustin, avait un frère aîné, Joseph-Laurent de Boissieu de Servière, qui épousait, le 29 mars 1722, Marie de Sarrat de Frétat (1) dont il eut un fils, Joseph-François de Boissieu de Servière, né le 29 novembre 1729, au château de Servière, paroisse de Saint-Didier-sur-Doulon (2).

(1) Du 29 novembre 1741, cession en ferme de divers biens à Azerat, et dans la terre et seigneurie de Puy-Baudry par messire Louis de Fretat, seigneur de Beaumont, brigadier général des armées du Roy en la ville de la Chaise-Dieu, en vertu des pouvoirs à lui donnés par messire Jacques Hector de Fretat de Boissieu (a) chevalier, envoyé par le Roy notre Sire, en Cologne, suivant la missive adressante à Mlle de Boissieu, sa sœur.

(2) Marie de Sarrat (b) de Fretat et Laurent de Boissieu de Servière avaient une fille mariée à M. de Barentin, vicomte de Monchal. De ce dernier mariage est issu un fils

(a) Les Fretat prennent le nom et le titre de comtes de Boissieu, depuis la vente faite à Louis de Fretat, du château et de la terre de Boissieu, par les deux filles de Jean de Boissieu dont la branche était tombée en quenouille. Ce Jean de Boissieu était fils de Jean de Boissieu et de Marguerite de la Salle, mariés en 1525.

(b) Le château de Sarrat a été transmis à M. H. de Boudemange par son mariage avec Mlle Sidonie de Brive qui le tenait de sa mère Mme de Brive, née de la Boisserie.

Le jeune de Servière entrait au service à 13 ans, comme volontaire au régiment de Clermont, 1742, six ans avant l'admission de son cousin Henry de Boissieu du Bois-Noir, à l'Ecole militaire.

Nous n'avons de lui que ses états de services.

Enseigne au régiment de Béarn, le 14 juillet 1755; lieutenant, le 11 mars 1756; capitaine, le 29 septembre 1758; aide-major des recrues de Lyon, le 1er octobre 1763; capitaine au régiment de Béarn, le 14 juillet 1766; major du régiment de Montpellier, reformé en 1755.

Commandant du bataillon de garnison, de la Sarre, le 10 mai 1778; rang de lieutenant-colonel, le 22 septembre 1779.

Enfin, son brevet de maréchal de camp était signé, le 1er mars 1791, un mois juste avant celui de son cousin du Bois-Noir par le même ministre de la guerre, le comte Louis de Narbonne.

Ses blessures et ses infirmités, suites de la guerre, avaient forcé le général de Boissieu de Servière, à prendre une retraite prématurée. Lui aussi avait porté les armes outre-mer; il était au Canada de 1755 à 1760.

ainsi dénommé dans l'acte suivant, du 10 janvier 1772 : Vente de la terre et du château du Prunet, à M. Sauzet de Jonchères, par haut et puissant seigneur messire Charles-Paul-Nicolas de Barentin, comte de Boissieu, vicomte de Monchal, chevalier, seigneur de Lorme, Boissieu, Bressolles, Puy-Baudry, le Prunet et autres lieux ; capitaine au régiment de Bourgogne cavalerie, et haute et puissante dame, madame Jeanne-Marie-Dorothée de Combres, de Bressolles, vicomtesse de Monchal, mariés, habitants en leur château de la Motte, en Auvergne.

Nous ne possédons aucun document qui le concerne pendant cette longue et pénible campagne, mais il paraît que ses services ne furent pas sans mérite, si l'on en juge par la pièce suivante, émanant du ministère de la guerre, l'an III de la République Française :

Département de la guerre. — Pension de 2.464¹ 7ˢ 6ᵈ.

RÉCOMPENSE NATIONALE

EN FAVEUR DE FRANÇOIS-JOSEPH DE BOISSIEU

Au nom de la République, le Conseil provisoire exécutif, à tous, présents et à venir, salut :

Vu par nous le décret de l'Assemblée nationale en date du quatre février mil sept cent quatre-vingt-treize, l'an 2° de la République par lequel il est accordé à François-Joseph de Boissieu, né le..... mil sept cent vingt-neuf à Saint-Didier, district de Brioude, département de la Haute-Loire, et baptisé le premier décembre à l'église paroissiale dudit lieu, une pension annuelle et viagère de deux mille quatre cent soixante-quatre livres, sept sols six deniers payable sur le Trésor public pour récompense de trente-cinq ans, sept mois, six jours de services effectifs pendant lesquels il a fait six campagnes qu'il a finis le vingt mars mil sept cent quatre-vingt-onze, dans le rang de lieutenant-colonel retiré avec le grade de maréchal-de-camp.

Afin de faire jouir le de Boissieux du bénéfice de la loi susdite du 4 février 1793, sa vie durant, nous lui avons fait délivrer le présent brevet et mandons en conséquence aux commissaires de la Trésorerie nationale de payer annuellement au dit Boissieux, la somme de deux mille quatre cent soixante-quatre livres, sept sols six deniers en deux termes égaux de six mois en six mois dont le premier terme à compter du vingt et un mars mil sept cent quatre-vingt-onze pour la portion due à cette époque, est échue le premier juillet suivant, le deuxième est échu le premier janvier mil sept cent quatre-vingt-douze, le troisième est échu le premier juillet suivant, et les autres ont continué et continueront à échoir ainsi de six mois en six mois sur quittance par devant notaire, et à la présentation du premier brevet dont un double sera déposé au Trésor public.

Fait à Paris le vingt-quatre juin mil sept cent quatre-vingt-treize, et le deuxième de la république française, le Conseil exécutif provisoire, signé Gohier, le ministre de la guerre signé Bouchotte.

« Collationné par les Notaires à Paris soussignés, sur « l'original du dit brevet de pension, représenté et « rendu ce treize Messidor an trois de la République « française. *(Nom illisible.)* Charpentier.

« Enregistré à Paris B. des gardes françaises le 14 Mes-« sidor an 3. Reçu dix sols. Lezan. »

Que penser, au surplus, de ces grotesques rémunérateurs des services rendus *à la patrie!* à cette France qu'ils couvraient, eux-mêmes, de sang et de ruines?

Ils décernaient, il est vrai, une juste récompense au général François-Joseph de Boissieu, le 24 juin 1793, et le 18 Thermidor 1794, un commissaire envoyé par le district de Brioude, posait les scellés sur ses meubles et tous ses papiers.

Bientôt il était traîné dans les prisons de Brioude; mais Robespierre était mort, et le pauvre prisonnier put échapper à la guillotine.

A l'exemple de son cousin de Boissieu du Bois-Noir, le général de Boissieu de Servière eut donc l'honneur d'être persécuté par les mêmes ennemis et de souffrir pour la même cause.

Si le premier a succombé fièrement sur le champ de bataille, l'autre n'a échappé que de quelques jours à une mort qui, plus cruelle, n'eut pas été moins glorieuse.

Le général François-Joseph de Boissieu de Servière expirait en son château de Servière, peu de temps après sa sortie de prison.

En lui s'éteignait la branche des Boissieu de Servière, de même que le général Henri-Augustin ne laissait après lui aucun rejeton des Boissieu du Bois-Noir. L'héritage des Boissieu de Servière passait à leur nièce, dernière héritière des Boissieu de Maisonneuve, alliés à la famille de Dienne, qui résidaient à Saint-Jean-de-Nay (1).

C'est là qu'ont été recueillies les archives du château de Servière, dont le dépouillement nous a permis d'apporter à la mémoire de ces deux fidèles serviteurs de la royauté, l'humble tribut de ces notes trop incomplètes.

M. C.

---

(1) Le château de Saint-Jean-de-Nay relevait de la baronnie de Cerey, propriété des ducs de Crussol, d'Uzès. Il appartient aujourd'hui, par alliance et par héritage, au vicomte Paul de Causans.

LE PUY, IMPRIMERIE TYPOGRAPHIQUE PRADES-FREYDIER

www.ingramcontent.com/pod-product-compliance
Lightning Source LLC
Chambersburg PA
CBHW061607050726
47595CB00007B/2821